Inhalt

Business Behaviour

Kernthesen

Beitrag

Fallbeispiele

Weiterführende Literatur

Impressum

Business Behaviour

M.Sydow

Kernthesen

- Business Behaviour oder auch Business Etikette beschreibt Umgangsformen, die im geschäftlichen Leben zunehmend für eine erfolgreiche Interaktion zwischen Geschäftspartnern wichtig sind. (1), (2)
- Insbesondere im interkulturellen Austausch auf geschäftlicher Ebene sollten Manager die Feinheiten fremdländischen Benimms beherrschen. (3), (7), (14)
- Für einen perfekten Auftritt sind beispielsweise Begrüßungsformalien, Riten bei der Überreichung der Visitenkarte, Tischmanieren oder auch der Dresscode für Manager unverzichtbar. (1), (10), (11), (13)

Beitrag

Der Begriff Business Behaviour umfasst implizite Konventionen, die den Umgang zwischen Geschäftspartnern formell aufzeigen. (3)

Einige grundlegende Benimmregeln erleichtern den Umgang mit Geschäftspartnern und sind - neben der nach wie vor im Vordergrund stehenden fachlichen Kompetenz von Führungskräften - zunehmend ein Erfolgsfaktor. (1)

Gerade in Meetings oder bei Geschäftsessen spielt der erste Eindruck eine wichtige Rolle. Das Gegenüber verfügt über eine Art Checkliste mit Verhaltensmustern ihm bekannter Personen. Beim ersten Eindruck nimmt er ausschließlich Signale aus diesem Repertoire wahr und steckt anschließend das Gegenüber in eine bestimmte Schublade. Andere Signale werden gar nicht erst beachtet. Dies führt zu dem so genannten Ankereffekt, der dafür sorgt, dass die Person, die einmal zugewiesene Schublade beibehält. (2)

Für den ersten Eindruck spielen Grundregeln der Business Etikette eine nicht zu unterschätzende Rolle. Im Gegensatz zur gesellschaftlichen Etikette müssen hierbei vor allem die verschiedenen Hierarchieebenen im Unternehmen beachtet werden. Die Business Etikette folgt grundsätzlich den Maßstäben der Rangfolge. (1)

Führungskräfte sollten vor allem Situationen wie die Vorstellung und Begrüßung ihrer Geschäftspartner, Feinheiten des Essverhaltens sowie einen korrekten Kleidungsstil beherrschen. Im Folgenden werden diese und weitere Bereiche exemplarisch dargestellt.

Benimmregeln

Begrüßung und Vorstellung

Die Vorstellung erfolgt streng hierarchisch. Das heißt beispielsweise, dass ein Mitarbeiter dem eigenen Vorgesetzten seine Frau vorstellt und anschließend erst der Frau den Vorgesetzten. Im privaten Bereich gilt nach wie vor Frau vor Mann sowie Alt vor Jung. Zur Begrüßung wird aus Höflichkeit unabhängig von Rang und Geschlecht immer aufgestanden. Bei der Begrüßung selbst wird die rechte Hand gereicht und dabei der Blickkontakt gehalten. Aus der Art des Händedrucks lässt sich einiges ableiten: Eine von oben gereichte Hand vermittelt den Eindruck, die eine Gesprächsperson fühlt sich der Anderen überlegen. Auch ein zu starker oder zu schlaffer Händedruck können entsprechend gedeutet werden. Wenn ein Gesprächspartner seine Handfläche nicht ganz auflegt, beziehungsweise eine Hohlfläche zwischen den Handflächen entstehen lässt, wird diese Person instinktiv als distanziert eingestuft. Neben dem Händedruck ist auch eine korrekte Anrede bedeutsam. Hier wird beispielsweise bei einer Reihe von Titeln stets der höchste Titel für die Anrede verwandt. (1), (10)

Körpersprache

Jede Bewegung vermittelt geschulten Augen deutliche Signale. So verraten kleine Schritte einen detailverliebten Menschen und große, dass es sich bei der Person um einen Strategen mit einem Blick für Gesamtzusammenhänge handelt. Auch die Blickrichtung der Augen ist verräterisch: Beim Blick nach links ist die linke Gehirnhälfte, welche die Gefühlsebene steuert, aktiviert. Ein Blick nach rechts dagegen zeigt auf, dass sich diese Person an Fakten orientiert. Mit der Deutung der Körpersprache können Argumente gezielter formuliert und der Gegenüber leichter überzeugt werden. (2)

Visitenkarte

Ein wichtiges Ritual im Geschäftsleben ist das Überreichen der Visitenkarte. Auch hier ist auf einige Feinheiten zu achten:

-Die Karten werden möglichst zu Beginn einer Konversation ausgetauscht.
-Die Visitenkarte sollte mit der linken Hand übergeben werden, sodass der Gesprächspartner sie mit der rechten Hand entgegen nehmen kann.
-Nach dem Überreichen der Karte wird diese sorgfältig durchgelesen. Dies hat nebenbei den Vorteil, dass sowohl der Name als auch der Titel und die genaue Funktion des Geschäftspartners leichter zu merken sind. (1)

Small Talk

Small Talk ist ein wichtiger Bestandteil des Geschäftslebens. Wer erfolgreich sein möchte, nutzt die sich bietenden Gelegenheiten, um über Small Talk informell Gemeinsamkeiten zwischen sich und seinen Geschäftspartnern zu schaffen. Inhaltlich eignen sich vor allem Themen aus den Bereichen Hobby, Heimatstadt, Aktuelles und Reisen für den Small Talk. Dagegen wird von Themen wie Politik, persönliche Probleme oder Religion abgeraten. Auch landesspezifische Tabuthemen sollten von Führungskräften im Vorfeld recherchiert werden. So sollte beispielsweise mit einem Schweizer Geschäftspartner niemals über das Schweizer Militär oder die Neutralität der Schweiz gesprochen werden. (2), (4), (12), (14)

Tischmanieren

Einer falschen aber geläufigen Ansicht zufolge lässt ein männlicher Geschäftspartner der Dame beim Eintreten in ein Restaurant den Vortritt. Richtig ist, dass der Herr vorausgeht, um die Atmosphäre im Restaurant zu testen.

Tischmanieren sind beim Geschäftsessen ein unbedingtes Muss. Zunächst sollte beim Business Lunch beachtet werden, in welcher Preiskategorie bestellt wird. Indirekte Aufforderungen des Gastgebers, wie Anmerkungen zu dem Hummer in dem betreffenden Restaurant sind ein Fingerzeig. Der Hummer sollte jedoch nur bestellt werden, wenn dieser auch souverän verspeist werden kann. Mit den Fingern sollte nur gegessen werden, wenn der Kellner zu Wachteln oder Spareribs auch eine Fingerschale mitserviert. Gräten oder Ungenießbares wandern auf der Gabel zurück auf den Tellerrand und dabei möglichst unter die Salatdekoration. Und auch beim Business Lunch gibt es interkulturelle Unterschiede: So wird beispielsweise Kuchen in Luxemburg mit Messer und Gabel gegessen. (2), (10), (12), (13)

Dresscode

Die Kleidung ist im Geschäftsleben mit klaren Vorgaben geregelt. So gilt auf jeden Fall, dass Führungskräfte ihren Kleidungsstil bei einem anstehenden Geschäftstreffen ihrer Klientel und dem Produkt anpassen sollten. Einige Outfit-Regeln sind nachstehend skizziert:

-Ranghöhere sollten stets besser gekleidet sein, als ihre Mitarbeiter.
-Abgelaufene Absätze sind in jedem Fall zu vermeiden.
-Ebenso sollte auf weiße Tennissocken im Business-Outfit verzichtet werden.
-Farben haben auch in der Geschäftswelt eine bestimmte Signalwirkung. Danach signalisieren rote oder pinkfarbene Kostüme Hilfsbedürftigkeit und braune oder graue Anzüge wirken dagegen auf das Gegenüber vertrauensvoll.
-Auch im Sommer gelten für den Dresscode klare

Regeln: geschlossene Schuhe und Strümpfe bei Frauen und Sakko sowie langärmlige Hemden bei Männern sind Pflicht.
-Accessoires sind auch in der Business Welt wichtig. Die Dame sollte sich jedoch nicht mit Schmuckstücken überladen. Maximal fünf Schmuckstücke gelten hier als Richtmaß. Für den Herrn lässt sich ergänzen, dass Herren-Handtaschen und ein Dreitagebart nach wie vor unpassend sind.
[(1)](), [(2)](), [(8)](), [(9)](), [(10)](), [(11)]()

E-Mail

Die Kommunikation bestimmt das Geschäftsleben. Generell wird heutzutage über Fax oder E-Mail kommuniziert. Briefe werden dennoch versand, wenn es sich beispielsweise um offizielle Einladungen handelt. E-Mails dürfen nach wie vor nicht salopp formuliert oder fehlerhaft geschrieben werden. Außerdem gilt, dass eine E-Mail spätestens nach zwei Tagen beantwortet werden sollte.

Fallbeispiele

Die Osterweiterung Europas stellt auch die Geschäftswelt vor neue Herausforderungen. Ein neuer Leitfaden aus dem Gabler-Verlag offeriert Wissenswertes über kulturelle und gesellschaftliche Verhaltensnormen im Geschäftsverkehr mit Partnern aus anderen europäischen Ländern. So werden Tipps zur adäquaten Vorstellung und Begrüßung ebenso vermittelt wie Anregungen zur Auswahl eines geeigneten Gastgeschenkes.

Die amerikanische Etikette erscheint betont leger zu sein: Polohemden, lockere Hosen und bequeme Schuhe sind neben einem freundschaftlichen Du und allseits offenen Türen des Chefs in amerikanischen Unternehmen an der Tagesordnung. Die Grundlage hierfür ist das Verständnis der Amerikaner, dass jeder gleichwertig ist. Hinzu kommt die Ansicht, dass ein informelles Arbeitsklima sowohl Offenheit als auch Vertrauen zwischen Mitarbeitern und Vorgesetzten fördert. (3)

Die japanische Unternehmenskultur lebt von einem komplexen Regelwerk. Hier führen nur Etikette und Stil zum Erfolg. Rituale sind dabei ein wichtiger Faktor. So erkennen Geschäftspartner in Japan an der Art der Darbietung einer Visitenkarte und deren Empfang die Wertschätzung des Businesspartners. Japanische Geschäftsleute übergeben ihre Visitenkarten stets mit beiden Händen. Anschließend werden die Namen laut vorgelesen und während des Meetings sichtbar auf dem Tisch abgelegt. Dies gilt im Übrigen auch für die chinesische Geschäftswelt. (1), (3), (5)

Auf dem Weltwirtschaftsforum 2004 in Davos wurde von den Teilnehmern erwartet, dass sie erstmalig ohne Krawatte zum Treffen erscheinen. Verbotsschilder und Zwangsgelder bei Zuwiderhandlung sollten diese Änderung unterstützen. Der so genannte Badge, ein um den Hals hängendes Plastikkärtchen, hat quasi den Schlips ersetzt und ebenso ein Zugehörigkeitsgefühl geschaffen. (7)

Weiterführende Literatur

(1) Benimm ist wieder in
aus acquisa, Vol. 52, Heft 7/2004, S. 62-63

(2) Punkten auf den ersten Blick
aus Der Handel Nr.06 vom 02.06.2004 Seite 066

(3) Coutu, Diane L., Gespür für Grenzen, Harvard Business Manager, 24.02.2004, S. 97
aus Der Handel Nr.06 vom 02.06.2004 Seite 066

(4) Reichard, Peter, ADDITIVES, HORIZONT 33, 12.08.2004, S. 35
aus Der Handel Nr.06 vom 02.06.2004 Seite 066

(5) ADDITIVES
aus HORIZONT 33 vom 12.08.2004 Seite 035

(6) Göricke, Jutta, Europäische Etikette, Süddeutsche Zeitung, 30.04.2004, Ausgabe Deutschland, S. V1/15
aus HORIZONT 33 vom 12.08.2004 Seite 035

(7) Lossau, Norbert, Die informelle Revolution: Beim Weltwirtschaftsforum dürfen keine Krawatten getragen werden, Die Welt, 22.01.2004, S. 1
aus HORIZONT 33 vom 12.08.2004 Seite 035

(8) Die informelle Revolution: Beim Weltwirtschaftsforum dürfen keine Krawatten getragen werden Davos ohne Schlips sein soll
aus Die Welt, Jg. 59, 22.01.2004, Nr. 18, S. 1

(9) DRESSCODE Im Sommer werden Anzug und Kostüm schnell zur Zwangsjacke. Doch im Geschäftsleben ist korrekte Kleidung Pflicht. Von Kopf bis Fuß richtig gekleidet
aus Hamburger Abendblatt, Jg. 57, 21.08.2004, Nr. 195, S. 72

(10) DRESSCODE Im Sommer werden Anzug und Kostüm schnell zur Zwangsjacke. Doch im Geschäftsleben ist korrekte Kleidung Pflicht. Von Kopf bis Fuß richtig gekleidet
aus Hamburger Abendblatt, Jg. 57, 21.08.2004, Nr. 195, S. 72

(11) Kleider-Etikette: So vermeiden Sie den Fauxpas in

anderen Ländern Global arbeiten Vorsicht, Garderoben-Fettnäpfchen!
aus Die Welt, Jg. 59, 13.11.2004, Nr. 267, S. B8

(12) Kleider-Etikette: So vermeiden Sie den Fauxpas in anderen Ländern Global arbeiten Vorsicht, Garderoben-Fettnäpfchen!
aus Die Welt, Jg. 59, 13.11.2004, Nr. 267, S. B8

(13) Schenz, Viola, Die hohe Kunst der Rücksichtnahme, Süddeutsche Zeitung, 20.12.2004, Ausgabe Deutschland, S. 3
aus Die Welt, Jg. 59, 13.11.2004, Nr. 267, S. B8

(14) Nercessian, Marie-Thérèse, Ein Business-Knigge kann helfen, den Berufsalltag und schwierige Situationen stilsicher zu meistern, Fettnäpfchen und Fallstricke lauern auch im Geschäftsleben, Die Welt, 04.12.2004, S. B4
aus Die Welt, Jg. 59, 13.11.2004, Nr. 267, S. B8

Impressum

Business Behaviour

Bibliografische Information der deutschen Nationalbibliothek

Die Deutsche Nationalbibliothek verzeichnet diese Publikation in der deutschen Nationalbibliografie; detaillierte bibliografische Daten sind im Internet über http://dnb.d-nb.de abrufbar.

ISBN: 978-3-7379-0170-3

© 2015 GBI-Genios Deutsche Wirtschaftsdatenbank GmbH, Freischützstraße 96, 81927 München, www.genios.de

Alle Rechte vorbehalten. Dieses Werk ist einschließlich aller seiner Teile – z.B. Texte, Tabellen und Grafiken - urheberrechtlich geschützt. Jede Verwertung außerhalb der Grenzen des Urheberrechtsgesetzes bedarf der vorherigen Zustimmung des Verlags. Dies gilt insbesondere auch für auszugsweise Nachdrucke, fotomechanische Vervielfältigungen (Fotokopie/Mikroskopie), Übersetzungen, Auswertungen durch Datenbanken oder ähnliche Einrichtungen und die Einspeicherung und Verarbeitung in elektronischen Systemen.